Opere dello stesso autore:

- *'Asfâr wa sirâb – Viaggi e miraggi* (bilingue), ed. I Fiori di Campo, 2003
- *'Inni qarartu 'Akhîran an 'arhala b'aîdan m'a-l-laqâliq – Ho deciso finalmente... andrò via con le cicogne...* (bilingue), Collezione Maestrale, 2005
- *Poésies depuis la ville de Menton - Poésias desde la ciudad de Menton*, (bilingue) ed. Edilivre, 2008 ; ed. BOD, 2016
- *Silvia o la ilusión del amor*, ed. Lampi di Stampa, 2010
- *Tierra del Fuego*, ed. Lampi di Stampa, 2014
- *Il caimano*, ed. BoD, 2014
- *Muhît al-kalimât – Oceano di parole*, (bilingue), ed. BoD, 2014
- *Guardando altrove*, ed. BoD, 2016
- *Poesia della Nuova Era Vol. I*, ed. BoD, 2016
- *El marcalibros*, ed. BoD, 2017
- *Rosso di Marte*, ed. BoD, 2017
- *Lemhat al-hida'at - Il profilo del nibbio*, (bilingue) ed. BoD, 2018
- *Poesie della Nuova Era Vol. 2*, ed. Bod, 2020

Collezione Reincarnazione

- *Rotta per l'India* ed. BoD, 2016
- *Il ritorno dello sciamano*, ed. BoD, 2018
- *Intuizioni e memorie*, ed. BoD, 2019
- *Il banchetto*, ed. Bod, 2019
- *Sul filo del Tempo*, ed. BoD, 2019
- *Viaggiatore atemporale*, ed. BoD, 2020
- *Ritorniamo sulla Terra*, ed. BoD, 2020
- *Il terzo viaggio*, ed. BoD, 2020

Angelo Rizzi

Da una vita all'altra

In copertina: base della statua di Leonardo da Vinci con 2 suoi discepoli, P.za della Scala, Milano. Foto di Angelo Rizzi © 2014

Biografia

Angelo Rizzi è nato a Sant'Angelo Lodigiano. Ha ottenuto una Laurea in Lingua, Letteratura e Cultura Araba all'Università Montaigne-Bordeaux in Francia e ha otteuto una seconda laurea in Lingua, Cultura e Letteratura Italiana all'Università Sophia Antipolis di Nizza, sempre in Francia. Italiano madrelingua, ha composto i suoi poemi in arabo, spagnolo, francese e italiano. Grazie a questa sua particolarità, nel 2006 è stato invitato a partecipare ad un congresso all'UNESCO a Parigi, sul tema *Dialogo tra le Nazioni*.
Ha partecipato a numerosi incontri poetici di rinomanza internazionale a Roma, L'Avana, Parigi, Curtea de Argeş (Romania), Djerba (Tunisia), Porto Alegre (Brasile), Vijayawada (India). Sue poesie sono apparse in antologie e riviste in Italia, Stati Uniti, Svizzera, Cuba, Argentina, Kuwait, Spagna, Brasile, Romania, Hong Kong, India, Bolivia, Kenya. Nel 2015 la *"Academia de Letras ALPAS 21"* lo ha nominato Accademico Corrispondente Internazionale.

Riconoscimenti letterari.

Tra i più importanti: Vincitore Assoluto del XX° Premio Mondiale Nosside, 2004. Menzione d'Onore per la raccolta *'Asfâr wa Sirâb - Viaggi e Miraggi*, al premio Sogno di un Caffé di Mezza Estate, 2004 e Medaglia d'Argento per la stessa opera al Premio Internazionale Maestrale, 2004. Menzione di Merito al Premio Internazionale Poseidonia Paestum, 2005. I° Premio al Premio Internazionale Tra le Parole e l'Infinito, 2008, dopo avere vinto per tre volte il 2° premio nello stesso concorso nel 2005, 2006, 2007. 3° Premio al Premio Internazionale Bodini 2009.

Menzione Internazionale al Premio Alpas 21, Brasile, 2009. 1° Premio al Premio Internazionale Città di Sassari per la poesia inedita, Italia 2010. Premio della Critica al Premio Internazionale Tra le Parole e l'Infinito, 2010. 2° Premio per la raccolta *Silvia o la ilusión del amor*, della Giuria Scuole al Premio Internazionale Città di Sassari, 2011. Menzione speciale della Giuria per la Critica per la raccolta *Poésies depuis la ville de Menton-Poesías desde la ciudad de Menton* al Premio Internazionale Città di Sassari, 2012 e Premio Speciale per la Critica della Giuria delle Scuole per la stessa raccolta. Ha ottenuto il Premio per la Migliore Opera in lingua straniera per la raccolta *Poésies depuis la ville de Menton-Poesías desde la ciudad de Menton*, al Premio Internazionale Locanda del Doge, 2013. II° Premio al Premio Internazionale Carmelina Ghiotto Zini, 2013. 1° Premio al Concorso Internazionale di Poesia Città di Voghera, 2014. 3° Classificato per la silloge inedita *Il caimano* al Premio Internazionale Città di Sassari 2014 e Menzione Speciale per la stessa opera edita e ampliata al Premio Internazionale Casentino, 2015. 2° Premio al Premio Letterario "Il litorale", per la raccolta *Muhît al-kalimât – Oceano di parole*, 2016. Menzione d'Onore sempre per la raccolta *Muhît al-kalimât – Oceano di parole*, al Premio Casentino, 2016. Premio per la Critica, per la narrativa (racconto breve), al Premio Internazionale Tra le Parole e l'Infinito, 2016 e 2018, oltre Premio della Critica nel 2015 e 2017, oltre a il Premio del Presidente nel 2019 per lo stesso conncorso. Premio per la Critica per la raccolta *Rosso di marte*, al Premio Europeo Massa città fiabesca d'arte e di marmo 2017. 1° Premio al Premio Internazionale Città di Voghera, 2019 e 2020. Oltre a diverse Menzioni d'Onore e di Merito in altri premi. È stato Finalista in vari premi internazionali in Italia, Spagna, Svizzera, Argentina, Venezuela e Stati Uniti.

Membro di *REMES* (Red Mundial de Escritores en Español); *World Poet Society*; *Poetas del Mundo* e *SELAE* (Sociedad de Escritores Latino-Americanos y Europeos) e Motivational Strips (fb).

Nel 2015, a Cruz Alta (R/S) in BRASILE, è stato nominato Accademico Corrispondente Internazionale dalla *Academia Internacional de Artes, Letras e Ciênsas* ALPAS 21.

- 2020, Il forum Motivational Strips, Mascate, OMAN, gli ha attribuito la *Golden Medal Ambassador de Literature*

- 2020, La Unión HispanoMundial de Escritores, Urubamba, PERÙ, gli ha attribuito il *Premio Mundial a la Excelencia Literaria*.

- 2020 Gujarat Sahitya Academy e Motivational Strips ha onorato l'autore per il suo contributo letterario di valore mondiale, in occasione del 74° anniversario dell'Indipendenza dell'india.

Partecipazioni Letterarie

- 2004, Reading Poetico, Istituto Italo - Latinoamericano, Roma, ITALIA.

- 2005, Fiera del Libro, L'Avana, Ospite d'Onore alla premiazione del Premio Nosside Caribe, CUBA.

- 2005, Festival della Poesia, L'Avana, CUBA.

- 2006, Reading Poetico, Fiera del Libro, L'Avana, CUBA.

- 2006, Congresso all'UNESCO sul tema "Dialogo tra le Nazioni", Parigi, FRANCIA.

- 2006, Reading Poetico, Institut du Monde Arabe, Parigi, FRANCIA.

- 2014, 2015, 2016, 2018, Salone del Libro di Montecarlo, MONACO.

- 2014, Fête du Livre, Breil sur Roya, FRANCIA.7

- 2014, Festival du Livre, Mouans-Sartoux, FRANCIA.

- 2016, Festival Internazionale della Poesia, Curtea de Argeș, ROMANIA.

- 2017, Reading Poetico Internazionale in chiusura al 1° *Symposium Science et Conscience*, Djerba, TUNISIA.

- 2018, Reading Poetico Internazionale in chiusura al 2° *Symposium Science et Conscience*, Djerba, TUNISIA.

- 2019, Fiera del Libro, Porto Alegre R/S, BRASILE.

- 2019, *International Amaravati Poetry Meeting*, CCVA Vijayawada, Andra Pradesh, INDIA.

Premessa

Questo nuovo libro di Angelo Rizzi va letto semplicemente come un multi-viaggio oltre le porte del tempo, oppure come una ludica riflessione senza domande e senza risposte sul concetto di Reincarnazione. L'autore ci guida attraverso il racconto delle proprie vite anteriori, in uno stile che potremmo definire "prosa poetica", nonostante questo tentativo di definizione nello stile e nel genere letterario, appaia come una manovra "limitante" in un'opera che non ha eguali per quanto riguarda la tematica trattata, sia nella struttura che nella forma.

In questa raccolta, Rizzi ci racconta di nuove vite, nel senso di esistenze passate non ancora enunciate negli otto volumi precedenti e di altre anteriormente evidenziate, che riappaiono in brevi episodi, soprattutto apparse nel 2° volume *Il ritorno dello sciamano*, ma anche nel 3° volume *Intuizioni e memorie*, mentre per la vita trascorsa alla Scuola di Atene, vale a dire l'Accademia di Platone, troviamo episodi in quasi tutti i volumi dal 3° sino a quest'ultimo. Vi è una vita in particolare che sembra con ogni evidenza aver marcato più delle altre il nostro autore: la vita del *pilota* di Vasco da Gama, o meglio del fratello di Vasco, Paulo, che dopo il famoso viaggio alla scoperta della Rotta per l'India, circumnavigando l'Africa con i celebri navigatori, ha seguito per anni i *conquistadores* spagnoli nel Centro America come esploratore, perseguendo il suo desiderio di avventura, come tanti altri suoi contemporanei che assistevano in quell'epoca alla caduta delle frontiere, dei limiti del mondo allora conosciuto.

Leggendo questi testi si è colti a volte dalla senzazione di un'incredibile dualità. Ci si immobilizza un attimo e si vedono apparire le scene una dopo l'altra. Sicuramente ogni lettore sarà condizionato da un suo gusto personale, prediligerà un testo piuttosto che un altro. Non è un caso! Il caso non esiste! E la ragione è semplice. Se un lettore percorrendo queste pagine, è più attento ad una vita piuttosto che ad un altra, se legge con maggior piacere e ne prova un'emozione inconscia, se prova empatia o noia o repulsione per la vita del monaco francese, invece che per i *flashbacks* del nobile rampollo inglese, per la vita del filosofo greco o dell'esploratore al seguito di spagnoli e portoghesi anziché per l'interprete nell'antico Egitto, è perché con ogni probabilità, il lettore stesso, nelle proprie vite anteriori ha esperimentato situazioni simili, ha già avuto a che fare con questi ambiti, queste atmosfere od ha vissuto in queste epoche trascorse, esperienze che hanno lasciato un'impronta importante nella memoria del proprio subcosciente.

Da una vita all'altra è il nono volume di questa originale collezione in prosa poetica con tematica la reincarnazione. Rizzi utilizza il processo narrativo della retrospezione, mentre nella struttura dell'opera scritta come fosse un poema, i tempi dei verbi variano, come se il ricordo e l'intuizione fossero più vicini o più lontani. La stessa vita appare più volte in brevi episodi con salti temporali, generando un intreccio molto originale.

Se non esistesse nulla di eterno,
neppure il divenire sarebbe possibile.
Aristotele

Noi entriamo in questa vita con l'esperienza di un'altra
vita, e la fortuna o la sfortuna di quest'esistenza sono il
risultato delle nostre azioni in un'esistenza precedente
Swami Vivekananda

Da una vita all'altra

El Karnak

Per rinnovare la dinamica
della vita quotidiana
chiesi di lasciare Men-Néfer
la capitale
per raggiungere Waset
città nel divenire
amministrativa, religiosa
sempre più importante.
Sopra una feluca
presi il grande fiume
risalendo la corrente
verso sud
con una moglie
una figlia di dieci anni.
Un viaggio lungo, silenzioso

* *Ritorniamo sulla Terra*, dello stesso autore

cadenzato da ibis, aironi
cicogne in volo
fenicotteri, gru
appollaiati su una zampa
presso le rive
anatre, oche selvatiche
cormorani
ritmato da persone
apparivano sulle sponde
scomparendo all'improvviso
verdi paesaggi si inseguivano
scivolavano all'indietro
sfiorando albe, poi tramonti.
Lo sentivo, era il momento
di muoversi, di cambiare

la ragione formale era
continuare nel mio ruolo
nel mestiere d'interprete
durante la costruzione
del tempio di el-Karnak.
Partecipavano genti
popoli di ogni dove
marinai della mia etnia
discendevano il Nilo
trasportando uomini
e materiali.
Ero affascinato dal lavoro
di architetti, ingegneri
artigiani
impressionato

dal numero degli schiavi
impiegati alla costruzione
di questa immensa opera.
Avrei voluto essere un'aquila
per scrutare dall'alto
tutto questo andirivieni
come si osserva un formicaio
con migliaia di insetti
in movimento.

Vino tinto

Quando incontrai Amerigo *
per la seconda volta
non fu per caso.
Avevo ricevuto un messaggio
mi invitava a recarmi a Siviglia
nella nuova scuola di cosmografia
affidatagli dal re.
In questo istituto, un altro messaggio
diceva di raggiungerlo
a Salamanca.
Fu così, in questa città universitaria
dove di nuovo incontrai Vespucci.
Non era un bell'uomo
ma aveva grande carisma
forte potere di attrazione

Il ritorno dello sciamano, dello stesso autore

sulle donne.
Riguardo agli uomini
molti lo detestavano
si era creato molti amici
ma altrettanti nemici
Chissà perché...
Sì, era un poco scaltro
ma limitare la sua personalità
alla sola malizia
equivarrebbe ad occultare
tutte le sue doti, le abilità.
Davanti a una brocca di *vino tinto*
accompagnata da un lauto pasto
mi confidò di aver dovuto in passato
lasciare Firenze in fretta e furia

per aver sedotto la musa, la modella
l'amante di Botticelli.
Il grande pittore non era un tenero
aveva ingaggiato almeno tre sbirri
per cercarlo e per punirlo.
Mi narrava, mentre versava
la bevanda rosso rubino nelle caraffe
di controversie nate
alla scuola da lui diretta
perché alcuni allievi non accetttavano
che il loro maestro fosse straniero
sebbene avesse ottenuto
per decreto reale
il titolo di cittadino spagnolo.
Mi proponeva di partecipare

ad un suo progetto
un futuro viaggio d'esplorazione.
Il giorno dopo mi dissero
che era stato chiamato a corte
ed era partito d'urgenza.

Incarnazioni simultanee

Ho evitato fino ad ora
di parlarne
perché l'argomento
purché nella tematica
io stesso lo dovevo accettare
non ero pronto
lo dovevo sentire
intimamente maturare.
Avevo già inteso
di incarnazioni simultanee
della stessa anima
che realizza *salti quantici*
salti dimensionali
la stessa anima che rinasce
in un altro corpo

una vita parallela
poiché il tempo è un'illusione
come lo spazio.
Françoise, la veggente
mi indicava
a volte correggeva
le sfumature
di alcune mie intuizioni
quando ebbe una reazione
singolare, sorprendente:
Ti vedo anche con Leonardo!
Disse: Uff! E girò la testa
ritraendosi all'indietro.
Aggiunse: Me lo son visto
qui davanti...

Mi disse che lo aiutavo
per i suoi scritti
avevo per di più, redatto
la sua personale biografia.
Esisterà ancora?
Sarà persa per sempre?
Esplorando il resto
l'ho ricostituito in parte.
Non ero suo discepolo
il mio aiuto era ludico
amichevole
ben altra era
la mia occupazione.
Ero musico e cantore
con un illustre compositore

musiche per matrimoni
cerimonie ufficiali, *intermedi*
feste di corte
ho seguito l'orchestra a Roma
spesso a Firenze
anche a Milano.
Un'intuizione spontanea
mi suggerisce
che la biografia
la portavo con me
ed è rimasta
in una delle tre città
appena sopra nominate.
Credo la prima, probabilmente
in una famiglia che non legge più

che possiede tanti codici, volumi
e non sa più quanti libri e quali
siano posati
nella propria biblioteca.
Sulle vite parallele
sulla *multidimensionalità*
chiesi conferma a Françoise
obbiettando, io che coltivo
l'arte del dubbio
benché intimamente
conoscessi già la risposta:
In quel periodo
ero con Vasco da Gama!
Potevo trovarmi simultaneamente
da un'altra parte, in un'altra vita?

Françoise, mi osservò sorpresa
rispose con una replica
come se la mia domanda
fosse banale
e la risposta un'ovvietà:
Certamente! Mi disse.
Questo, è del tutto possibile!

Le colonne

Doveva interpretare
l'interprete
capire la lingua, i gesti
le mimiche, le espressioni.
A el Karnak, crocevia d'idiomi
di popoli, di etnie.
tra quelle multitudini
avevo più occasioni.
Ogni mattina, mi recavo
presso il grande architetto
una formalità da celebrare
mi presentavo, rendevo omaggio
in seguito sapevo cosa fare
dove andare.
Ogni mattina, passando

attraverso la grande sala
meravigliato mi fermavo
innanzi a maestose colonne
tonde, alte, gigantesche
dieci metri in circonferenza
un'altezza di almeno venti
o forse oltre.
La mia consorte aveva
tutt'altra attività
era connessa con l'invisibile
interpretava i sogni
aveva numerosi clienti
agiati, facoltosi, importanti
nella vicina città
che aumentava, si espandeva.

Come sei bella!

Leonardo, lo conobbi a Milano
nel castello
suonavo con l'orchestra
qualcuno me lo presentò.
Era interessato
agli strumenti musicali
aveva alcune idee
per migliorare l'estetica
il suono, l'acustica.
Si interessava a tutto
ma spesso i suoi progetti
iniziavano e mai finivano.
Mi mostrò un dipinto
appena terminato
La dama con l'ermellino

uno tra i miei preferiti
magnifico, sublime
e lei, così bella.

Nel duemilaquindici
in viaggio a Cracovia
ho voluto vedere
questo dipinto
esposto in un castello locale.
Sono entrato
in una piccola stanza
c'era solo il dipinto
io e il guardiano
che lo sorvegliava.
Sono rimasto

almeno un quarto d'ora
ad ammirarla mentre pensavo:
Come sei bella!
Ho preso a passeggiare
avanti e indietro
per vedere se mi seguiva
con lo sguardo.
L'impressione
era proprio quella
del resto Leonardo
aveva studiato
il movimento oculare.
Il guardiano sorvegliava
ogni mio movimento
ad un certo punto

mi sono fermato di fronte
mi sono sporto
leggermente in avanti
il guardiano si è alzato di scatto
l'ho guardato per rassicurarlo
mi sono ritratto
si è seduto di nuovo
continuando ad osservarmi.
Sono uscito soddisfatto
intimamente questo dipinto
ne avevo il sentimento
l'avevo già visto
ma a quel tempo quest'idea
non mi aveva neppure sfiorato
appagato per questo incontro

non ho dato importanza
all'essenziale dell'evento
alla senzazione di *déjà vu*.
Al Castello Sforzesco *
ci vanno in molti
ogni giorno
ho sempre amato
questa costruzione
mi fermavo a guardare
giravo attorno
entavo nel cortile
osservavo
c'era qualcosa di cambiato
e l'impressione

* Castello Sforzesco, Milano

che mancasse qualcosa
non so dire cosa
mi perturbava.
Cinque secoli fa
vi ero già stato.
Questo luogo non l'avevo
frequentato spesso
solo cinque volte
la prima volta
suonando a un concerto
la seconda, invitato
per contemplare il dipinto
le altre tre volte
non lo so ancora.

Disarmonia

Tossivo in continuazione
lo sciamano *chibcha* * mi disse
che dovevo essere purificato
senza attendere la mia risposta
mi fece cenno di seguirlo.
Lo sciamano percepisce la malattia
come una disarmonia
una separazione
dalla fonte di vitalità
più o meno quello
che noi chiamiamo "anima".
Preparò le erbe sacre
alcune mescolate
ad acqua di sorgente
altre le bruciò, per farne

**Il ritorno dello sciamano*, dello stesso autore

una sorta di fumogeno.

Aveva tre piume

una d'aquila, una di condor

una di canarino

ciascuna aveva

un potere energetico differnte.

Mi fece spogliare

mi osservò di nuovo

scelse la piuma di condor

girò intorno a me agitandola

per inviare il fumo

verso il mio corpo

per affumicarlo completamente.

Eseguì il rituale

nel completo silenzio

senza una parola, un suono
ma eseguendo alcuni passi magici
come fosse una danza.
Il rituale venne ripetuto tre volte
in seguito mi fece bere le erbe sacre
il giorno dopo non tossivo più
presi la mia spada
uscii dal campo in esplorazione
con tre compagni spagnoli
due amici indiani.

Muoversi ancora

Rimasi tre anni a el-Karnak
il vecchio faraone era morto
uno dei figli sedeva sul trono.
Un messaggio d'amico
mi invitava a rientrare
la ragione, al momento
mi sfugge, si perde in memoria
lo sentivo, era tempo
di muoversi ancora.
Nel nostro *karma* abbiamo
appuntamenti fissi
codificati
nel nostro "foglio di marcia"
nel "piano di vita"
ma abbiamo il libero arbitrio

per variare le cose.
La feluca navigava lesta
scendeva il Nilo
la corrente a favore
dopo un mese arrivammo
alla capitale.
Il mio posto era occupato
lo immaginavo
un protettore, un appoggio
mi garantì, una mansione
equivalente, onorevole.
Trascorse un'altra decade
altri dieci anni
chiesi il permesso di ritirarmi
lo sentivo

era il momento di partire
di ritornare
alla nostra terra
dalle parti di Byblos
davanti al mare.

L'arte di governare

Il Maestro, si era dedicato
alla politica
ne rimase deluso
ma restava la sua passione
ci formava come pensatori
per entrare nella vita pubblica
ci insegnava a governare le città.
Riteneva in cuor suo
che fosse pressoché impossibile
diventare politico, restando onesto
eppure la passione primeggiava
ostinandosi a credere nella giustizia.
Corisco ed io *, eravamo
molto interessati a questa materia
la prospettiva di applicare le lezioni

---

* *Il terzo viaggio, Viaggiatore atemporale, Sul filo del tempo, Il banchetto, Intuizioni e memorie,* dello stesso autore

mettere in valore le nostre doti
di essere utili alle *polis*
la possibilità di una carriera
sorretta da desiderio di emancipazione.
Questi erano i sentimenti giovanili
che variavano con l'età
come in ogni essere umano.
La nostra fraterna amicizia
aveva creato un binomio perfetto
gli antichi colleghi riconoscevano in noi
di aver saputo restare fedeli
agli insegnamenti di Platone
di aver saputo gestire l'equilibrio
senza cadere nelle diaboliche trappole
della vanità e dell'egoismo.

Molti clan, troppi intrighi

Ho meno di vent'anni
di natura pragmatica
con qualche idea spavalda
pregio difetto, caratteristica
di questa età, di quest'epoca.
Vivo in un castello
nel sud est, in Inghilterra
ambisco a diventare
un *cavaliere*
come i miei fratelli.
Oltre il castello
la situazione è caotica
molti clan, troppi intrighi
i *baroni* si oppongono
catturano il favorito del re

un francese, lo sopprimono
la vita può durare molti anni
oppure, solamente un giorno.
A corte, oltre ai francesi
ci sono discendenti normanni
ed ovviamente gli anglosassoni
il sovrano resiste, replica
ma i nobili hanno la meglio.
Tenta una guerra, con la Scozia
la perde, firma una tregua
segue una grande carestia
ormai, lo avversa anche la consorte
che da un paese straniero
trama contro di lui.
Chi si oppone, si impone

lo costringono
a rinunciare al trono
si ritira in un maniero
sette mesi dopo, muore
mi dicono che l'hanno ucciso
mi chiedo, se mai sarò *cavaliere*.

Don Gonzalo Jimenez de Quesada *

Sbarcammo a Santa Marta
eravamo milleduecento uomini
nella piccola città improvvisata
appena nata
non c'era posto per tutti noi
ne abbastanza cibo
ci dislocarono nei villaggi indiani
delle tribù alleate, ci aiutavano
contro altre tribù nemiche.
Il governatore organizzò
una spedizione nell'entroterra
sei brigantini dovevano risalire il fiume
mentre Jimenez de Quesada via terra
guidava settecento uomini
con cinquanta cavalieri.

Il ritorno dello sciamano, dello stesso autore

La giungla sembrava impenetrabile
piovosa, fitta vegetazione
zanzare, belve feroci
senza percorsi tracciati
i cavalli si rivelarono inutili
anzi d'impaccio
nell'avanzare in fangose paludi.
Durante una sosta, un giaguaro
strappò un soldato dalla sua amaca
perdemmo un centinaio di uomini.
Avanzammo a fatica
scoprendo insetti e rettili inabituali
ragni-lince, scorpioni blu
crotali, vespe-guerriere
duecento kilometri in due mesi

perdemmo altri cento uomini
spossati e malnutriti.
Un primo tentativo di sedizione
molti erano ammalati
senza esperienza di zone tropicali
il comandante placò gli animi
continuammo ad avanzare
costeggiando il fiume in piena
perdemmo altri duecento uomini.
Gli esploratori scoprirono
a monte del corso d'acqua
sentieri che salivano verso le montagne
li seguimmo, per scendere infine
dal lato opposto
e ritrovarci nel punto

fissato per l'incontro.
Alcune navi leggere
erano riuscite a risalire il fiume
lasciammo loro i soldati feriti
i malati indeboliti da febbri.
Il comandante scelse
centosettanta uomini
per accompagnarlo
verso la Cordigliera
i cavalieri rimasti erano trenta.
Lui conosceva la mia storia
che ero stato *pilota* con i portoghesi
ma fra i capitani maggiori
tutti nobili o rampolli
di famiglie signorili

alcuni mi rispettavano
per via del mio passato
altri mi ignoravano altezzosi
infastiditi della simpatia
che mi offriva Don Gonzalo.

L'apice del successo

Quando Ermia il tiranno
ci affidò
la comunità di Asso
da governare
eravamo all'apice del successo.
Avevamo uno scambio epistolare
con quasi tutti i colleghi
dell'Accademia
restando informati di tutto ciò
che accadeva nel mondo.
Di fronte all'occorrenza
di fondare una scuola
invitammo a partecipare
il più giovane Aristotele
ormai in aperto contrasto

con il successore del "Maestro"
il nipote, e chi lo sosteneva.
Nonostante l'età
che in genere si abbina
all'esperienza
era uomo molto dotato
afferrato in ogni sfera
materia, argomento.
Accolse il nostro invito
con fervore, ci rispettava
come suoi anziani
aveva la nostra stima
la nostra amicizia.
Alcuni, dissero in seguito
che venne da noi

accompagnato da Senocrate
ma la notizia
non corrisponde alla realtà.
Lo posso affermare!
Quest'ultimo
non venne mai da noi
fu chiamato ad esercitare
nell'isola di Samos.
Corisco ed io
non avevamo conflitti
con altri filosofi
ambedue moderati
nella personalità
tenaci sostenitori del *dialogo*
nel peggiore dei casi
potevamo chiudere la porta
lasciando aperta una grande finestra.

A lume di candela

Mi recai allo *scriptorium*
la sala di studio e di scrittura
dove il *fratello amanuense*
stava ricopiando codici di testi sacri
con paziente lavoro di trascrizione
ornandoli di splendide miniature.
Dapprima mi fermai alle sue spalle
per ammirare il suo modo di operare
in seguito gli girai attorno
mi misi di fronte a lui in attesa.
La concentrazione era tale
che non mi aveva sentito arrivare
né mi aveva visto.
Sfregandosi gli occhi
posò la penna

sul lato destro dello scrittoio
era ambidestro
ma mi aveva confidato
di essere nato mancino
di essersi allenato a dismisura
ad usare l'altra mano
sino a diventare
egualmente abile con tutte e due.
Mi aveava raccontato
che quando era solo
gli succedeva ancora
di utilizzare la sinistra.
I mancini erano malvisti
la Chiesa li addocchiava
con sospetto

mentre la credenza popolare
affermava che la sinistra
era la mano del diavolo.
A quanto pare
anche in altre culture, religioni
vi era questa tendenza
a considerare una mano pura
e l'altra impura.
Mi mostrò un manoscritto arabo
appena arrivato da Toledo
un trattato sulla medicina delle erbe.
Mi rassicurò dicendomi
che ci avrebbe lavorato molto presto
e una volta tradotto
l'avrebbe messo a disposizione

per la mia farmacia.
Uscii dalla sala, era già buio
la notte scendeva rapida d'inverno
nel nostro monastero benedettino. *
Avevo fretta
di raggiungere la mia cella
dovevo trascrivere appunti
sulle misture da preparare
per il giorno dopo.
Queste occasioni
trascorse in solitudine
scrivendo a lume di candela
mi procuravano una gioia immensa
un sentimento indescrivibile
la percezione, la convinzione

**Intuizioni e memorie*, dello stesso autore

di essere sulla giusta via
del percorso, della missione
del mio piano di vita.

Il nuovo sovrano

Ho più di vent'anni
sono già venticinque
aitante *cavaliere*
ho realizzato il mio sogno
ora me ne serve un altro.
Abbiamo un nuovo sovrano
ho combattuto per lui
in Aquitania, in Normandia
due ferite al petto, niente di grave.
Entro a far parte della corte
dei suoi consiglieri
sono tutto eccitato
ma alcuni sguardi
mi mettono in stato dall'erta
dovrò essere vigile

prevenire, essere prudente
senza esagerare.
Il re è giovane, abile, dotato
fa arrestare l'amante della madre
che dirige il governo
l'assassino di suo padre
lo elimina.
Adesso è lui che comanda
c'è un parlamento
ma lui ci sa fare.
Alcuni consiglieri sono deceduti
per vecchiaia, per malattia
o condannati per tradimento
ho più spazio, mi elevo di grado
in tutto, siamo in sei

a mio turno inizio ad invecchiare.
Di questo re si è detto di tutto
fortemente venerato da vivo
un po' meno negli ultimi anni
criticato da alcuni appena scomparso
come imprudente, avventuriero
o altre scemenze.
Personalmente ritengo sia stato
straordinario regnante
sul piano economico, strategico
o legislativo.
Ha regnato a lungo
ho vissuto a lungo
mi ha anticipato nel trapasso
di solo qualche stagione.

Il popolo dell'altipiano

Il comandante decise
di perlustrare
la catena montuosa orientale
salimmo oltre
duemilacinquecento metri
arrivati in cima
la gioia ci invase
nello scoprire un immenso altipiano
nel vedere ampie pianure
fumi indicanti villaggi
ben forniti di mais e tubercoli
cotone, sale in forma di pani
più fine di quello granuloso
incontrato sulla costa.
Il popolo *muisca*

poco bellicoso
fu sottomesso facilmente
non usavano archi, frecce
né armi di metallo.
Progredendo verso nord
conseguimmo
un importante bottino
oro e smeraldi resero folli
alcuni capitani e la soldataglia
l'avidità li trasformava in fiere
più feroci di puma e giaguari.
Gli indiani, seppure su scala
dimensione, misura diversa
non erano immuni
dalla cupidità

alcuni clan si allearono con noi
devo dire ingenuamente
per attaccare
popoli vicini in concorrenza.
Arrivarono altre due spedizioni
spagnoli e persino tedeschi
pretendendo
che quello da noi scoperto
rientrasse nei limiti
delle terre a loro concesse.
De Quesada era giureconsulto
abile litigante
decretò un accordo provvisorio
e rientrò a Madrid
affinché i reali decidessero

sulla caotica situazione
lasciando tra noi il fratello
in missione di comando.
Nell'attesa del suo ritorno
i tre gruppi si unirono
asservendo per sempre
il popolo nativo dell'altipiano
con una violenza senza limiti
oltre ad abusi, maltrattamenti.
Decisi di ritornare in Spagna
io, portoghese
con la prima nave in partenza.
Mi stabilii a Grenada per un tempo
volevo riposare gli occhi e il cuore
da tutta questa esperienza.

Eppure qualcosa, rimaneva laggiù
in Centro Sudamerica
qualcosa mi ammaliava
mi attirava
come un potente magnete.

L'amico ritrovato

Abbiamo accolto Aristotele
con gioia e festeggiamenti
organizzando senza indugio
un munifico *simposio*
per dargli il benvenuto.
Il nostro gruppo di due
divenne un triumvirato
nella gestione della nuova
scuola di filosofia
mentre il governo
della città di Asso
rimaneva a me e a Corisco
coadiuvati dai preziosi consigli
del nostro più giovane amico.
Giovane, è un modo di dire!

per fissare le cose
antica mania dell'umana mente.
Lui, era sulla quarantina
noi due, lo precedevamo
di almeno quindici anni.
Il nostro nuovo ritrovato collega
sapiente, arguto, profondo
rigoroso sostenitore
della "metodologia"
iniziò in quel periodo
a scrivere gli otto libri
sulla politica.
Con esperienza di governo
di insegnamento, di scienziato
potremmo dire

esperienza di "tutto"
aveva individuato
sei forme di regime sociale
delle quali, tre
le riteneva giuste
e le altre tre
al contrario
le riteneva ingiuste
dimostrando con analisi
in un felice parallelo
che le tre forme "giuste"
se malgestite dall'uomo
deviavano nelle altre tre
risultando quindi "ingiuste".
Amavo, prediligevo

discutere con lui
della *città ideale*.
Il suo apporto nei consigli
fu intenso, entusiasmante
essenziale, determinante.
Alle mie idee
che garbatamente definiva
un po' centrali, moderate
più vicine
agli insegnamenti del Maestro
preferiva le idee di Corisco
citandolo a volte nei suoi libri.
Per niente d'accordo con lui
glielo avevo manifestato
non ero poi così *platonico*

ma queste divergenze di concetto
non cambiarono nulla
alla nostra solida amicizia.

Minerali e vegetali

Ricevetti un'ennesima epistola
dalla badessa Ildegarda
con nuovi consigli
tisane, pozioni, decotti
oli essenziali, ratafià
elisir, oli aromatici.
suggeriva di cuocere
l'ortica fresca
perché purifica lo stomaco
eliminando il muco
mentre l'olio ricavato
dal suo succo
aiuta debolezza di memoria.
Mi scrisse che in tisana
i semi di finocchio

rasserenano la mente
favorendo al tempo stesso
la digestione.
Persino alle pietre attribuiva
un effetto curativo
ritenendo che anch'esse
fruivano dell'energia
diffusa in tutto il cosmo.
Non s'accontentava
nel suo spirito scientifico
al solo esaminare esteriormente
minerali e vegetali
ma cercava di scoprire
i nascosti poteri terapeutici
mentre le mistiche visioni

le fornivano soluzioni
vedendo non solo la cura
ma bensì anche l'effetto
sulle persone, l'uomo, la donna
distinguendo in relazione al sesso
alla costituzione, allo stato di salute.

Considerazioni verso l'altro sesso

Un giorno d'autunno
seduti sotto le arcate della scuola
leggermente provocatore
chiesi ad Aristotele
notizie delle filosofe
le due donne un tempo colleghe
entrate a far parte dell'Accademia
per constatare
se il nostro sapiente compagno
avesse cambiato idea
riguardo alla sua considerazione
verso l'altro sesso
all'epoca piuttosto estrema.
Corisco sorrise
arguendo il mio obbiettivo

mentre il mio interlocutore
si alzò di scatto invitando noi due
a passeggiare, sotto l'arco naturale
che formava il fogliame degli alberi.
Mi rispose che non aveva loro notizie
e poco gli importava del resto
aggiungendo che la sua vita
era lavoro, studio, ricerca, esperienza.
Una foglia si staccò da un platano
posandosi esattamente tra i suoi piedi
ne approfittai per dire in tono scherzoso:
È sicuramente un segno di Assiotea
Colei che ha osato sfidarti
come aveva sfidato Platone!
Te ne vuole

perché ti sei dimenticato di lei!
L'astuto amico replicò:
Chi ti dice che non sia l'altra?
Visto che mi sono dimenticato
assolutamente di tutte e due.
La sua risposta provocò
la nostra ilarità
era con ogni evidenza
la dimostrazione
che la sua posizione
non era affato cambiata
ma decisi di terminare la burla.
La passeggiata continuò
non mancavano
né argomenti di discussione
né progetti, né propositi.

L'orto

Nell'orto del monastero
si coltivavano le erbe medicinali
le specie più utili
mentre per quelle non coltivabili
me ne andavo per boschi e foreste
a quel tempo molto fitte
spesse volte da solo
sovente accompagnato
da un altro *fratello*.
Nel vivaio c'era la salvia
per confortare i nervi
menta, basilico
la pimpinella per limitare
il ristagno di gas nello stomaco
nell'intestino.

Avevamo l'iris, per ricavare
l'olio essenziale, profumato
melissa, lavanda come rilassante
rosmarino per tonificare
l'agnocasto come anafrodisiaco.
Era un arbusto alto
fino a cinque, sei metri
con foglie aromatiche verde scuro
dai fiori violetti, a volte bianchi
riuniti in spighe.
Li trovavo sugli argini dei fiumi
nei luoghi umidi
ne coglievo i frutti
bacche nere, contenenti
quattro semi estremamente duri.

Faticosa lavorazione
per ridurli in polvere
poteva servire per certi monaci
dalla sessualità un po' viva
e mi era chiesto
anche da alcuni nobili
al fine di cospargerlo
sul letto delle mogli
per assicurarsi la loro fedeltà
quando partivano per la guerra.
Non credevo affatto
che usato in quel modo
potesse funzionare
e cercavo di farlo capire
nonostante le credenze popolari

facessero presa
anche su una parte della nobiltà.
Nell'orto entro le mura
c'era anche l'altea, il papavero
una specie contenente
una piccola quantità di oppiacei.

Terra di Colombia

Ho partecipato a molte spedizioni
ho visto molti comandanti
si alternavano in continuazione.
La rivalità tra gli spagnoli
il narcisismo, l'ambizione
la cupidigia.
In terra di Colombia
sono stato tre volte
con Pedro de Heredia
con Jimenez de Quesada
con Fernandez de Lugo figlio.
La terza volta mi sono fermato.
Il giorno del rientro verso la Spagna
mi sono dissociato dalla spedizione
la missione era compiuta, terminata.

Ho detto: Rimango qui!
Invecchiando percepivo
il mutare dei miei pensieri
osservavo il tutto
con uno sguardo diverso.
Avevo accumulato
abbastanza oro, pietre preziose
che alla fine non avrei mai speso.
In fondo, ad attirarmi
era sempre stata
la dinamica dell'avventura.
Ormai operavo in proprio
lavoravo a ingaggio
c'era un governatore
e dei comandanti mi dicevo:

Ne arriveranno altri!
Ne arriveranno ancora!
L'età si trasformava in saggezza
la lontana boria giovanile
in accettazione
le riflessioni cambiavano colore
densità.
Ho partecipato a grandi viaggi
ad altri che non facevano rumore
ma non per questo con meno valore.
Iniziavo a comprendere
che l'importanza fondamentale
stava nella maniera
con la quale si percorre
il grande viaggio della vita.

Indice

5 - Biografia

9 - Premessa

Da una vita all'altra

17 – El Karnak

21 – Vino tinto

25 – Incarnazioni simultanee

31 – Le colonne

33 – Come sei bella!

39 – Disarmonia

42 – Muoversi ancora

45 – L'arte di governare

47 – Troppi clan, molti intrighi

50 – Don Gonzalo Jimenez de Quesada

55 – L'apice del successo

58 – A lume di candela

63 – Il nuovo sovrano

66 – Il popolo dell'altipiano

71 – L'amico ritrovato

76 – Minerali e vegetali

79 – Considerazioni verso l'altro sesso

82 – L'orto

86 – Terra di Colombia

© 2020, Angelo Rizzi
Éditeur : BoD-Books on Demand
12/14 rond point des Champs Élysées, 75008 Paris, France
Impression : Books on Demand, Norderstedt, Allemagne
ISBN : 9782322252183
Dépôt légal : octobre 2020